dyn a diadell
one man and his flock

Dyn a Diadell
One Man and his Flock

JACQUI MOLDEN

portread o fugail Eryri, John Watkin Jones
a portrait of a Snowdonia shepherd, John Watkin Jones

Testun Cymraeg: Esyllt Nest Roberts

Argraffiad cyntaf: Gorffennaf 2008
First edition: July 2008
© text and images: Jacqui Molden 2008

Hawlfraint y lluniau a'r testun: Jacqui Molden
Hawlfraint y gyfrol: Gwasg Carreg Gwalch

Rhif Llyfr Safonol Rhyngwladol:
978-1-84527-1

Cynllun clawr: Siôn Ilar
Cyfieithwyd y testun gan Esyllt Nest Roberts

Mae'r cyhoeddwyr yn cydnabod cymorth ariannol Cyngor Llyfrau Cymru.

Argraffwyd gan Progresspress; cyhoeddwyd gan Wasg Carreg Gwalch,
12 Iard yr Orsaf, Llanrwst, Dyffryn Conwy LL26 0EH.
Ffôn: 01492 642031
Ffacs: 01492 641502
e-bost: llyfrau@carreg-gwalch.com
lle ar y we: www.carreg-gwalch.com

Diolchiadau

John Watkin Jones: bu'n fraint cydweithio â chi.
Myra Carpenter: yn barod ei chymwynas bob amser,
hyd yn oed pan oedd y gwaith yn galed.
Holl deulu a chyfeillion John.
Bu cynifer o bobl o gymorth gyda'r gyfrol hon,
amhosib fuasai eu rhestru oll yma!
Diolch i chi i gyd!

I fy Mam.
Sydd yno bob amser i mi.
Heb ei hanogaeth a'i harweiniad,
ni allwn fod wedi cyflawni yr hyn yr wyf wedi ei wneud.
Diolch, Mam.
Cariad, Jacqui.

Acknowledgements

John Watkin Jones: it was an honour to work with you.
Myra Carpenter: always there to help,
even when it was hard going.
To all John's family and friends.
So many people helped with this book
that the list would go on for ever!
Thank you all!

To my Mum.
Who is always there for me.
Without her encouragement and guidance,
I would not have accomplished the things I have.
Thanks, Mum.
Love, Jacqui.

Rhagair

Pan ofynnwyd i mi ysgrifennu'r rhagair i lyfr Jacqui, *Dyn a Diadell*, y peth cyntaf a deimlais oedd y fraint o gael y cynnig hwnnw. Yna dechreuais ofyn i mi fy hun sut yn y byd y gallwn fynegi fy edmygedd o gynnwys a safon y gwaith sydd yn y gyfrol hon. Daeth i'm cof ddarlith a fynychais yn ddiweddar, darlith gan y ffotograffydd rhyfel enwog, y diweddar Philip Jones Griffiths, a ddywedodd nad oedd digon o ffotograffwyr yn defnyddio ffotonewyddiaduraeth er mwyn cyflwyno testun. Gwnaeth hynny i mi feddwl am gyfrol Jacqui, gan ei bod hi, yn fy marn i, wedi llwyddo i gyflawni hynny yn ei gwaith.

Dros gyfnod, drwy sgwrsio a chadw cwmni i John Watkin Jones wrth iddo gyflawni ei ddyletswyddau dyddiol, fe gawn gan Jacqui gipolwg o'i fywyd bob dydd – bywyd sy'n araf ddiflannu – a'i filltir sgwâr yn ardal y chwareli llechi. Gan fy mod innau'n adnabod yr ardal honno'n dda, medraf uniaethu â'r testun a'r ffotograffau a gallaf ddweud, heb air o gelwydd, ei fod yn adlewyrchiad cywir o fywyd yno heddiw – yn ogystal â tharo cipolwg yn ôl i'r gorffennol drwy lygaid John Watkin Jones wrth iddo sgwrsio â Jacqui.

Ond yn ogystal â darlunio bywyd yn y gorffennol a'r presennol, mae'r gyfrol yn cyflwyno inni hefyd ddawn a chrefftwaith Jacqui Molden. Gwelwn sut y bu iddi fynd i'r afael â'i phwnc drwy fod yn y lle iawn ar yr adeg iawn, drwy wrando, gwylio, bod yn amyneddgar a dewis yr union eiliad i bwyso cliciad y camera er mwyn dal amser yn ei unfan. (Enghraifft dda o hyn, ac un o'm hoff ffotograffau i, yw'r un o'r ci defaid yn edrych dros y ffens.) Rhewi'r cyfnod oedd yr her, a gwerthfawrogi ffordd o fyw a oedd ar ddarfod, er mwyn i'r darllenydd ymateb gyda'r un teimladau ag y gwnaeth yr awdur. Credaf i Jacqui gyrraedd y nod yn llwyddiannus iawn.

Ar brydiau, ychydig iawn o reolaeth sydd gan y ffotograffydd, a dyna pryd y daw ei ddawn i'r amlwg. Rhwng cloriau *Dyn a Diadell*, daw doniau creadigol Jacqui i'r amlwg. Rwyf innau wedi gweld y doniau hynny'n datblygu dros y blynyddoedd, mewn arddangosfeydd unigol wedi'u trefnu ganddi hi ei hun, ac yna wrth i'w gwaith gael ei dderbyn mewn arddangosfeydd rhyngwladol, ac yn awr yn y gyfrol hon. Mae Jacqui wedi datblygu'i llygaid i weld yr amlwg, rhoi sylw manwl iddo, a'i ddehongli'n artistig fel bod modd inni i gyd 'weld'. Ystyriwch rai o ddelweddau unigol y llyfr: sut y mae hi'n dwyn y taclau i'n sylw, sut mae'r bwtsias yn edrych erbyn hyn.

Mae Jacqui yn meddu ar ddull tawel o ymdrin â'i ffotograffiaeth. Mae hi'n anfon ei meddyliau drwy'r lens ac mae'r gyfrol hon yn enghraifft dda o ganlyniad terfynol ei meddyliau a'i huchelgeisiau. Bum ar daith drwy eiriau a delweddau'r gyfrol hon, ac fe fu ysgrifennu rhagair i'r cyfan, o ddyfynnu geiriau John Watkin Jones – 'nid yn waith beichus ond yn fwynhad'. Boed i holl brosiectau Jacqui yn y dyfodol fod mor llewyrchus â hwn.

John Roberts

Foreword

When I was asked to write the foreword for Jacqui's book *One Man and his Flock*, my first thought was how honoured I was to be asked. I wondered what I could say to convey my admiration of the contents and quality of the work produced in this book. I then remembered recently being at a lecture by the famous war photographer, the late Philip Jones Griffiths, who stated that not enough photographers were following photojournalism as a way of expressing a subject. This made me think of Jacqui's book, in which I believe she has tackled her subject in such a way.

Over a period of time, through conversations and accompanying John Watkin Jones during his daily chores, Jacqui has given us an insight into his way of life – a life that is slowly disappearing – and the surrounding area within which his homestead is situated, that of the slate industry. Since I know the area so well myself, I can relate to the text and photographs within this book, and I can honestly say it is a true reflection of the present day – and also an insight into the past as expressed by John Watkin Jones during his conversations with Jacqui.

This book represents not only a way of life past and present, but also the skill and craftsmanship of Jacqui Molden. Here we see how she approached the subject by being in the right place at the right time, listening, watching, being patient, and choosing the right moment to press the shutter, capturing a moment in time. (A good example, one of many favourite images, is the sheepdog peering over the fence.) The challenge was to capture an era, and give value to a way of life which was disappearing, so that the reader would respond with the same emotions that the author had experienced. I think Jacqui has successfully met this challenge.

The amount of control that photographers have is sometimes limited, and this is where their skill comes to the fore. Through this book, *One Man and his Flock*, the creative talents of Jacqui have been revealed. I have seen that talent develop over the past few years, through viewing solo exhibitions held by her, then her work being accepted into international exhibitions, and now in this book. Jacqui has developed her eye into seeing the obvious, giving it attention, and interpreting it artistically so that we all can *'see'*. Take certain individual images within the book: the way she has brought to our attention the tools used, how the boots are now.

Jacqui has a quiet approach to her photography, channelling her thoughts through the lens. This book is a good example of the end result of her thoughts and ambitions. I have been taken on a journey through the words and images within this book, and it has been, in John Watkin Jones' words, 'a pleasure, not a chore' to write the foreword to it. May all Jacqui's future projects be as successful as this one.

John Roberts

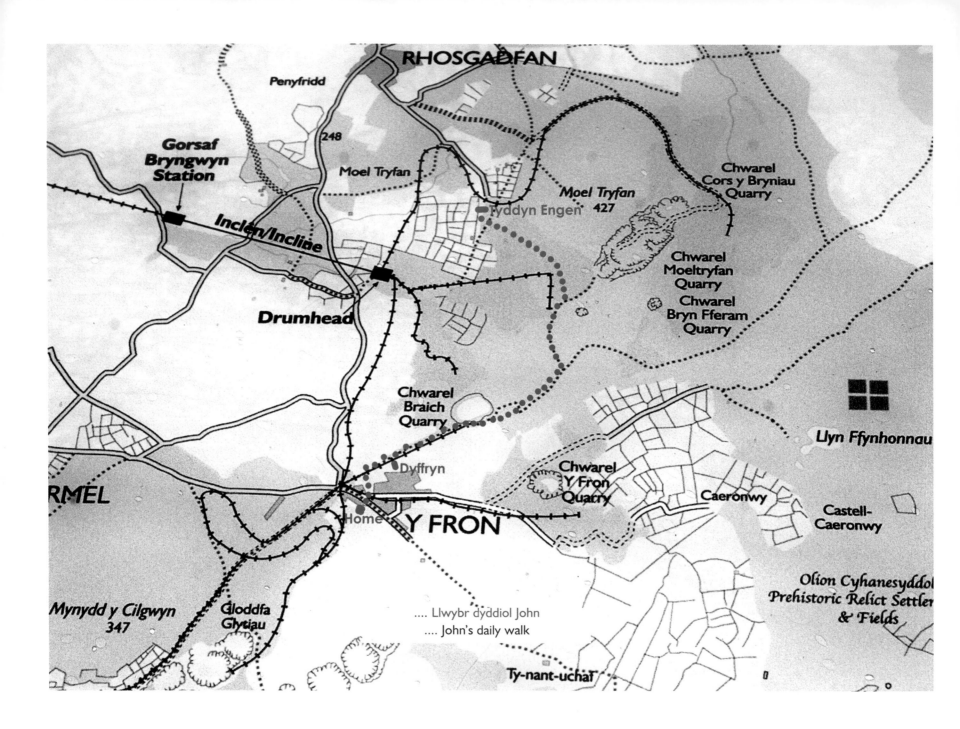

Roedd 'nhad yn arfer mynd â fy nwy chwaer a fi o Ben Llal bob bore dydd Sul. Mi fyddem ni'n mynd heibio i'r fynwent a chyfarfod dyn oedd yn byw gerllaw. Wrth iddyn nhw siarad, mi fyddai 'nwy chwaer yn chwarae ar y tir comin.

Roeddwn i'n sefyll wrth ochr 'nhad er mwyn clywed beth oedden nhw'n ei ddweud. Roedden nhw'n siarad am Seindorf Arian Nantlle ac am fynd i'w gweld nhw'n chwarae yn Nhal-y-sarn. Yn yr haf mi fyddai'r band yn ymarfer ar gyfer y cyngerdd. Clywais nhw'n trefnu amser i gyfarfod, ac mi wnes i ofyn i 'nhad a gawn i fynd efo nhw.

My father used to take my two sisters and me from Pen Llel every Sunday morning. We would go past the cemetery, and meet a man who lived not very far from there. As they talked, my sisters would play on the common.

I stood by my father's side so I could hear what they were saying. They were talking about the Nantlle Silver Band that they were both

'Na! Mae o'n rhy bell i ti gerdded yno.'

'Iawn,' meddwn i.

Fodd bynnag, pan ddaeth hi'n bryd iddo fo fynd i'r cyngerdd, dyma fi'n ei wylio fo'n mynd er mwyn gwybod pa ffordd aeth o. Aeth 'nhad allan o'r tŷ ar hyd y llwybr at drac y rheilffordd a chyfarfod dyn arall. Unwaith yr oedden nhw o'r golwg, dyma fi'n rhedeg i lawr at gornel na allen nhw mo 'ngweld i. Pan aethon nhw o'r golwg wedyn, gwnes yr un fath eto a'u dilyn nhw yr holl ffordd, gan aros o'r golwg a gwneud yn siŵr na allen nhw mo ngweld i na 'nghlywed i nes 'mod i yn y Fron. Yno dyma fi'n cuddio o flaen tŷ oedd efo wal o amgylch yr ardd. Yna, clywais lais o'r tu ôl i mi.

'Stopia'r hogyn 'na, Wil!'

Wil oedd enw 'nhad. Roedd o ar fin mynd o'r golwg, ond mi glywodd o hi'n galw, a throi'n ôl i weld fy mam yn eu dilyn nhw. Roedd hi wedi 'ngweld i'n mynd ar eu holau nhw o'r tŷ ym Mhen Llal i'r fan honno.

'Dos am adre'r funud yma ac yn syth i dy wely,' meddai wrthof i, 'heb ddim swper o gwbl.'

Ac yno y bum i tan y bore. Daeth hi ar f'ôl i yn ei ffedog – neu 'brat' fel y byddem ni'n ei alw. Mi redodd hi ar f'ôl i yr holl ffordd!

Mi wnes innau ymuno â band yn y diwedd, pan oeddwn i'n naw oed – yr un yn Rhosgadfan, nid yr un aeth 'nhad i'w glywed.

'Felly faint oedd eich oed chi pan aethoch chi ar ôl eich tad?'

Rhyw saith neu wyth oed, neu chwech, saith, dwi'n meddwl.

Daeth y ddau fand at ei gilydd yn ystod y rhyfel, achos bod y rhan fwyaf o'r dynion wedi gadael i ymuno â'r rhyfel. Mi fydden ni'n ymarfer yn Rhosgadfan un wythnos ac yn Nhal-y-sarn yr wythnos wedyn.

Roedd yna gyngerdd ym Mhen-y-groes bryd hynny. Mi fyddai'r bws yn mynd â ni ran o'r ffordd ac yna mi fydden ni'n ymuno â gweddill y band. Ar ôl cyrraedd i'r Fron unwaith, daeth dyn ar y bws a cherdded reit i'r cefn, lle'r oedd pump ohonom ni'n eistedd ar fainc hir. Roeddwn i'n arfer chwarae'r cornet bryd hynny. Dyma fo'n gofyn i mi, 'Ga i chwythu?' a phwyntio at y cornet. Mi rois yr offeryn iddo ac mi driodd

going to listen to in Talysarn. In the summer, the band would practice ready for the concert. I heard them say that they would meet at a certain time, and I asked my father if I could go with them.

'No! It's too long a walk for you.'

'OK,' I said.

However, when the time came for him to go to the concert I watched him to see which way he was going. My father went out of the house down the path to the railway track and met another man. When they were out of sight I ran down to a corner where they couldn't see me. When they were out of sight again, I did the same and followed them all the way, keeping out of sight making sure they could not see or hear me, until I was at Fron. There I hid in front of a house that had a wall around the garden. Then I heard a voice behind me.

'Stop the lad, Will!'

Will was my father's name. My father was just going out of sight, but he had heard her call, and turned back to see my mother coming after them. She had seen me follow after them from the house at Pen Llel to here.

'Go home straight to bed,' she said to me, 'without any supper at all.'

And there I was till morning. She came after me in her apron – 'brat', we called it. She ran after me all the way!

I did join the band in the end, when I was nine years of age – the one in Rhosgadfan, not the one my father went to hear.

'So how old were you when you followed your father?'

About seven or eight, or six-seven, I think.

The two bands joined together in the wartime, because most of the men had left to join the war. We would practice in Rhosgadfan one week and then Talysarn the next.

There was a concert at Penygroes at that time. The bus would take us part of the way and we would join up with the rest of the band. When we got to Fron, a man got on the bus and walked right to the back of the bus, where five of us were sitting on a long seat. I used to

o ei chwythu fo, ond doedd o ddim yn medru – roedd o'n g'lana'
chwerthin, a ninnau hefyd.

Wyddoch chi pwy oedd o? Fy narpar dad-yng-nghyfraith! Doeddwn
i ddim yn adnabod Mary ar y pryd; roeddwn i'n ifanc iawn. Doniol 'te –
ein bod ni wedi cyfarfod felly? Roedd o'n canu yn y cyngerdd; canu
unawd. Roedd o'n cystadlu yn eisteddfodau'r flwyddyn honno, ond mi
fu fo farw yn ddim ond pedwar deg chwech oed. Adeg lladd gwair oedd
hi; roedd yna gêm bêl-droed yn y Fron ac ar ôl y gêm, wrth iddo fo
gerdded ar hyd y llwybr ym mhen pella'r ysgol, mi syrthiodd yn farw.
Yn ddiweddarach mi gawson ni wybod bod ganddo fo dwll yn ei galon
ac mai hynny oedd wedi'i ladd o.

Bryd hynny, mi fyddwn i'n treulio gwyliau'r haf efo fy nhaid, oedd yn
byw ym Mangor. Siôn Jones oedd o'n fy ngalw i. Siôn ydi John yn
Gymraeg wrth gwrs. John Williams oedd ei enw fo. Dwi'n cofio'r arogl
tships a ffish oedd yn y stryd drwy'r amser, lle'r oeddwn i'n arfer
chwarae ar feic – beic tair olwyn.

play the cornet back then. He asked me, 'Can I have a blow?' as he
pointed to my cornet. I gave him the instrument and he tried to blow
it, but he couldn't – he was laughing so much, and so were we.

Do you know who he was? He was my future father-in-law! I didn't
know Mary at that time; I was very young. It was funny that I met him
like that. He was singing in the concert, giving a solo performance. He
was competing in that year's Eisteddfodau, but he died when he was
just forty-six years of age. It was during hay-making time; there was a
local football match going on at Fron and after the match, as he walked
up the path at the far end of the school, he just dropped down dead.
We later found out that he had a hole in his heart and that was what
killed him.

Back then, I would spend my summer holidays with my grandfather,
who lived in Bangor. He called me Siôn Jones. Siôn is Welsh for John.
His name was John Williams. I remember the smell of fish and chips in

Aethom ni i siop i brynu copi-bwc (llyfr ymarfer ysgrifennu). Ar ddechrau'r gwyliau mi ddywedodd ei fod o am ysgrifennu popeth yr oeddem ni wedi bod yn ei wneud yn ystod y dydd, a phob man lle'r oeddem ni wedi bod. Ar y diwrnod cyntaf roedd o eisiau dangos Pont Menai i mi. Doeddwn i erioed wedi gweld dolennau cadwyn mor fawr o'r blaen. Yr unig gadwyn yr arferwn i ei gweld oedd tsiaen y lle chwech!

Roedd o'n gloff ac yn cerddd yn araf efo ffon. Roeddwn i'n ifanc, ac yn methu â deall pam nad oedd o'n medru cerdded yr un mor gyflym â fi. Doeddwn i ddim yn hoffi gorfod aros amdano fo, felly mi fyddwn i'n rhedeg o'i flaen o ac yn eistedd nes y byddai o'n cyrraedd ar hyd y lôn. Aethom ni dros y bont i Borthaethwy (y pentref). Byddai 'nhaid yn mynd â fi i siop i brynu candis (dyna oedden nhw'n galw fferins ar ynys Môn bryd hynny). Roeddwn i'n cael eu bwyta nhw wrth gerddd adref yn ôl dros y bont. Dwi'n cofio un tro, wrth inni fynd am adref dros y bont, roeddwn i wedi bwyta fy fferins i gyd, neu dyna feddyliais i, felly dyma fi'n taflu'r bag papur dros y bont. Yna dyma fi'n sylwi fod un ar ôl yn y bag, a dechrau dringo dros y rheilins ar ei ôl! Mi ddychrynais am fy mywyd, wir i chi, ac mi symudodd 'nhaid yn gynt nag erioed. Wnes i mo hynny byth wedyn. Roeddwn i bob amser yn gwneud yn siŵr fod y bag yn wag ar ôl hynny.

Rhyw dro arall dyma fynd am dro i bier Bangor, ond aethom ni ddim i'r pen pellaf achos doeddwn i ddim yn hoffi cerdded ar ei hyd, felly dyma droi'n ôl. Doeddwn i ddim yn rhy hoff o weld y dŵr drwy'r distiau pren wrth inni gerddd, am wn i.

A dyna'r tro hwnnw pan aethom ni ar hyd y lôn sy'n mynd am Landudno. Roeddem ni'n mynd am dro i weld ffrind i 'nhad oedd yn gipar. Cefais ffon ganddo fo, hen ffon gansen fel y rhai roedd hen bobl yn eu defnyddio. Doeddwn i ddim yn rhy hoff ohoni bryd hynny, ond mi welwch fod gen i un debyg iawn iddi yn y gegin acw heddiw. Dwi ddim yn cofio beth wnes i efo'r un gefais i ganddo fo – dwi'n credu imi ei rhoi hi i 'nhaid, ond dwi ddim yn siŵr chwaith.

the street every day, where I used to play on a bicycle – a three-wheeler.

We went to a shop and bought a copy book (an exercise book to write in). He said to me at the beginning of the holidays that we would put down everything we had been doing during the day, and everywhere we had been. The first day he wanted to show me the Menai Bridge. I had never seen chain links so big. The only chain I was used to seeing was the one you flush the toilet with.

He was lame and walked slowly with a stick. I was young, and didn't understand why he couldn't keep up with me. I didn't like having to wait for him, so I would run ahead of him, then sit down and wait for him to come along the road. We went over the bridge to Menai Bridge (the village). My grandfather would take me to a shop to buy candies (that's what they called sweets on Anglesey back then). I was allowed to eat them as we walked back home over the bridge. I remember one time as we made our way home on the bridge, I had eaten all my sweets, or that's what I thought, so I threw the paper bag over the bridge. Then I noticed that there was one left in it, and started to climb over the railings after it! Scared the living daylights out of me, that did, and that was the fastest I'd ever seen my grandfather move. I never tried it again. I always made sure the bag was empty after that.

Another time, we went to the pier at Bangor, but didn't go right to the end because I didn't like walking on it, so we turned back. I think it's because I could see the water through the floorboards as we walked.

Then there was the time we went along the road that goes to Llandudno. We were going to see a friend of my father's who was a gamekeeper. He gave me a walking stick, an old one, a cane type, one that old people used. I didn't much like it back then, but if you look in my kitchen today, you'll see I have one just like it. I cannot remember what I did with the one he gave me – I think I gave it to my grandfather, but I'm not sure.

'Gyrhaeddoch chi ben pella'r pier erioed? Fuoch chi'n ôl i Fangor wedyn, John?'

    Na! – wel, do, dwi wedi bod 'nôl unwaith! Roedd 'nhaid yn byw ar

'Did you ever get to the end of the pier? Have you ever been back to Bangor, John?'

    No! – well, I have been back once! My grandfather lived on James Street, number twenty or twenty-one. I think it's been pulled down.

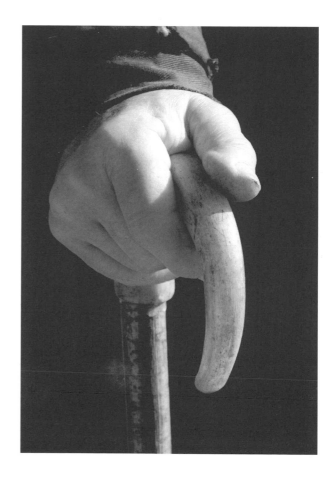

James Street, rhif dau ddeg neu ddau ddeg un. Dwi'n credu eu bod nhw wedi cael eu dymchwel erbyn hyn. Maes parcio neu rywbeth tebyg sydd yno rŵan – dwi ddim yn rhy siŵr. Yr hyn dwi'n ei gofio am James Street ydi mai yn fan'no y bu 'nhaid farw. Roedd o'n dŷ tri llawr gyda grisiau tro oedd yn mynd i ben ucha'r tŷ, yn wahanol i dai heddiw. Ar ôl ido fo farw doedden nhw ddim yn medru dod â'r arch i lawr y grisiau am eu bod nhw'n troi, felly bu'n rhaid iddyn nhw osod pwli a rhaff yn

There is a car park or something like that there now – I'm not quite sure. What I remember about James Street is that it is where my grandfather died. It was a three-storey house with a spiral staircase which went to the top of the house, not like today's houses. When he died they couldn't bring the coffin down the stairs because of the bends, so they had to fit a block and tackle to one of the windows and bring him down through the window. I don't think they would be

un o'r ffenestri a dod â fo i lawr drwy'r ffenest. Dwi ddim yn meddwl y basen nhw'n cael caniatâd i wneud peth felly heddiw, na fasen? Roedd 'nhad yn y fyddin ar y pryd, ac yn yr ysbyty – dwi ddim yn cofio pam – ond mi ddaeth o i'r cynhebrwng efo milwr arall oedd yn yr ysbyty efo fo. Roedd yn rhaid iddo fo fynd yn syth yn ei ôl wedyn. Roedd 'nhad yn gwisgo siwt las yr ysbyty, nid ei lifrai gwyrdd. Magnelwr – milwr y gynnau mawr – oedd o, wedi'i leoli yn Wiltshire. Roedd Nain yn gweithio yn y ffatri ffrwydron ym Mangor.

'Roeddech chi'n gweithio yn Llanberis, 'toeddech John?'

Oeddwn. Yn y ffatri awyrenau. Roedden nhw'n gwneud darnau ar gyfer adenydd awyrennau. Roeddwn i'n gweithio yn un o'r cytiau chwarel.

'Roeddwn i'n meddwl mai dan ddaear oeddech chi!'

Na! Gilfach Ddu oedd fan'no. Roedd 'na dwnnel dan y mynydd ac roedd y gweithdy peiriannau yno. Roedd yn rhaid i mi nôl rhywbeth, dwi ddim yn cofio beth. Dim ond pedair ar ddeg neu bymtheg oed oeddwn i, ac roedd arogl olew yn dod o'r peiriannau yn y twnnel, a'r tamprwydd – roedden nhw wedi gorchuddio'r graig ond roeddech chi'n dal i allu ogleuo'r tamprwydd. Mi fyddai 'na ddiferion yn llifo oddi ar y graig. Gilfach Ddu oedd honno, ble mae'r amgueddfa heddiw – dyna lle'r oeddwn i'n gweithio – ond fum i ddim yno'n hir. Rhyw fanion yma ac acw oeddwn i'n wneud ar y dechrau. Cyn hynny roeddwn i'n gweithio gyda'r Home Guards, ar y gatiau. Fel negesydd mi fyddwn i'n cyrchu pobl i weld un o'r meistri. Roedd yn rhaid imi ffônio'r swyddfeydd pan fydden nhw'n dod i ystafell yr Home Guard. Mi fyddwn i'n gofyn pwy oedden nhw am ei weld, ac yna'n ffônio hwnnw i ofyn a oedd hi'n iawn i mi eu tywys nhw i mewn.

Roeddwn i'n casáu'r teleffon hwnnw: doedd fy Saesneg i ddim yn dda iawn bryd hynny. Roedd 'na hogyn arall yn gweithio efo fi ac roeddwn i'n dibynnu llawer arno fo, ond mi wyddwn i ble'r oedd y swyddfeydd yn y ffatri, felly dim ond neidio i'r car gyda'r ymwelydd a mynd â fo i ble bynnag roedd o am fynd fyddwn i.

allowed to do that today, do you? My father was in the army at the time, and in hospital – I cannot remember why – but when he came to the funeral, he came with another soldier who was in hospital with him. Afterwards, he had to go straight back. My father wore a blue hospital suit, not his khaki uniform. He was in the Artillery, based in Wiltshire. My grandmother worked in the ammunition factory in Bangor.

'You worked in Llanberis, didn't you, John?'

Yes, I did. In the aircraft factory. They made parts for aircraft wings. I was in one of the quarry sheds.

'I thought it was underground!'

No! Gilfach Ddu, that was. There was a tunnel under the mountain and the machine shop was there. I had to go over there for something, I don't remember what for. I was only fourteen or fifteen, and the smell of the oil from the machines inside the tunnel, and the dampness – they had covered the rocks but you could still smell the dampness. There were drips of water coming down off the rocks. That's Cilfach Ddu, where the Museum is now – that's where I was working, in there – but not for long. On the detail work, I was, to start with. Before then I worked with the Home Guard, on the gates. As a messenger boy I used to take people that wanted to, to see one of the bosses. I had to phone the offices when they came into the Home Guard room. I would ask who they wanted to see, and then phone that person to see if it was all right for me to bring them in.

I hated that phone: my English was not very good back then. There was another chap who worked with me and I depended a lot on him, but I knew where the offices were in the factory, so I would just jump in the car with the person and then take them to the place that they wanted to go.

'Was that the place where the Museum is now?'

No, it was at the other side of the quarry. When you go over the bridge – Bont-Bala, we call it. The factory used to go from Llyn Padarn

'Ai fan'no mae'r amgueddfa heddiw?'

Na, roedd fan'no'r ochr arall i'r chwarel. Pan ydych chi'n mynd dros y bont – Bont Bala yr ydym ni'n ei galw hi. Roedd y ffatri'n mynd o Lyn Padarn i Lyn Peris. Roedd hi ar y llaw dde; wn i ddim a ydi'r cwt yn dal yno. Roedd y ffatri ar lan Llyn Peris, yn uwch na Padarn.

Pan fydden nhw'n gwneud camgymeriad efo rhyw joban, mi fydden nhw'n taflu'r cwbl i'r llyn. Doeddwn i ddim yn gwneud hynny. Mae'n siŵr eu bod nhw wedi dod o hyd i lawer o ddarnau alwminiwm wrth ddraenio'r llyn.

Mi ddechreuais i fynd i'r coleg technegol pan oeddwn i yn Llanberis: roedd tua tri deg ohonom ni yn mynd i lawr i Ysgol Segontiwm. Yna mi fyddai'n rhaid i mi fynd i lawr i Felin Peblig wedyn. Mi fydda i'n meddwl am hynny'n aml, gan fod Mam wedi'i magu yng Nghwm-y-glo, ac roedd hi'n arfer gweithio yn Ysbyty Bryn Seiont. Roedd chwaer Mam, oedd yn nyrs, yn gweithio yno hefyd, ac roedd Mam yn helpu yno, yr un fath â Margaret a'i merch hithau. Mae fy wyres i'n nyrs.

Mi fu Mam yn gweithio am gyfnod ym Melin Peblig hefyd; melin wlân oedd hi. Roeddwn i wedi bod yn gweithio yn Llanberis ac i lawr ym Melin Peblig, yna i lawr i Mackenzie and Brown yng Nghaernarfon.

Arferai Mam weithio ym Melin Peblig a Bryn Seiont, ddim yn bell o Mackenzie and Brown. Mi fydd petha fel'na yn mynd drwy fy meddwl i – fy mod i wedi dilyn ôl troed Mam mewn ambell i beth.

Mae fy merch ieuengaf wedi mynd â'r teulu yn ôl i Sir Fôn rŵan, gan fod fy 'nhaid a'm nain yn dod o Langristiolus cyn symud oddi yno i Gaernarfon, Mountain Street a Tai Belgium. Yna mi aethon nhw i fyw i Lanrug, ac o Lanrug i Glegyr. Roedden nhw'n byw mewn dau dŷ yng Nghlegyr. Mae Clegyr rhwng Cwm-y-glo a Llanberis, i fyny yn y topia 'na ger Chwarel y Glyn. Mi ddaethon nhw i lawr i Gwm-y-glo wedyn, i fyw ar dyddyn, a dyna lle cefais i fy ngeni.

'Ffermwyr fu eich teulu chi erioed?'

Na. Chwarelwr oedd 'nhad. Un o'r ardal yma oedd o. Pan briododd 'mam a 'nhad doedd ganddyn nhw ddim tŷ. Roedd 'nhad yn gweithio yn chwareli'r fro ac roedden nhw eisiau tŷ yn yr ardal. Cawson nhw hyd i

to Llyn Peris. The factory was on the right; I don't know if the shed is still there. The factory was by the side of Llyn Peris, higher up than Padarn.

If they made a mistake with the job, they chucked it in the lake. I didn't do that. When they drained the lake, I'm sure they found a lot of aluminium parts.

It was when I was at Llanberis that I started to go to technical school: there were about thirty of us going down to Segontium School. Then I had to go down to Peblig Mill afterwards. I often think about it, as my mother was brought up at Cwm-y-glo, and she used to work at Bryn Seiont Hospital. My mother's sister, who was a nurse, also worked there, and my mother was a helper there, the same as Margaret and her daughter. My granddaughter is a nurse.

My mother also worked for a time at Peblig Mill, which was a woollen factory. I had been working at Llanberis and down Peblig Mill, then down to Mackenzie and Brown in Caernarfon.

My mother used to work in Peblig Mill and Bryn Seiont, not far from Mackenzie and Brown. Things like that go through my mind – it is as if I followed in some ways what my mother had been doing.

Now my youngest daughter has taken the family back to Anglesey, as my grandfather and grandmother came from Llangristiolus and moved from there to Caernarfon, Mountain Street and Tai Belgium. Then they went from there to Llanrug to live, and from Llanrug to Clegyr. They lived in two houses at Clegyr. Clegyr is between Cwm-y-glo and Llanberis, up at the top there by Chwarel y Glyn. They came down to Cwm-y-glo afterwards, to live on a smallholding, and that's where I was born.

'Have your family always farmed?'

No. My father was a quarryman. He was from this area. When my father and mother first got married they didn't have a house. My father was working the quarry around here and they wanted a house in the area. They did find one, between here and Rhosgadfan. Then they moved from there to the first bungalow on the right entering

un rhwng fan'ma a Rhosgadfan. Yna mi symudon nhw o fan'no i'r bynglo cyntaf ar y dde wrth fynd i mewn i Rhosgadfan. Tyddyn oedd o bryd hynny. Yn fan'no y ganed Catherine fy chwaer. Roedd y lle'n berwi o lygod. Roedd y diawled yn y gwlâu, yn rhedeg drostyn nhw, ac mi fyddai 'nhad yn eu pledu nhw efo'i wregys.

Mi symudon nhw o fan'no i dŷ yn y pentref. Aeth gwraig i fyw yno ar eu holau nhw a throi'r tŷ yn siop jips.

Yna mi symudon ni i'r topia 'na – Pen Llel. Yn 1937 aethom yn ôl i Rosgadfan i fyw yn un o'r tai cyngor, ar ôl iddyn nhw gondemio'r tŷ ble'r oeddem ni'n byw. Doedd dim lle chwech na chegin, na dŵr. Roedd yn rhaid cario dŵr o'r ffynnon, a phetha felly. Deg oed oeddwn i pan symudon ni i fyw i'r tai cyngor. Dyna'r tro cyntaf i mi gael stafell wely i mi fy hun.

Ar ôl te, mi a' i i eistedd ar fy ngadair yn y gornel, i gael cyntun bach. Tan – 'rhoswch chi rŵan – te am bedwar, neu hanner awr wedi pedwar, felly mi fydda i'n aros am y newyddion ar y weiarles am bump. Mae gen i dâp y deillion o Gaernarfon sydd ymlaen tan y newyddion am bump o'r gloch. Mi fydd hynny tan hanner awr wedi pump. Yn yr haf, mi fydda i'n mynd i fyny'r Dyffryn bryd hynny, wyddoch chi, pan oedd y ddafad 'na'n troi ar ei chefn.

Rhosgadfan. It was a smallholding then. My sister Catherine was born in there. The place was overrun with mice. Those blinking mice were in the beds, running over them, and there would be my Dad with his belt, belting them.

They moved from there to a house in the village. A woman moved in not long after and made it into a chip shop.

We then moved up to the top there (Pen Llel). In 1937 we went back to Rhosgadfan to live in one of the council houses, because they condemned the house we were living in. There was no toilet or kitchen, no water, we had to carry water from the well, and things like that. I was ten years old when we went to the council houses to live. That was the first time I had a bedroom to myself.

After tea, I'm going to my chair, in that corner, to have a nap. Until – let's see – my tea will be four o'clock or half past four, so I wait for the news on the wireless at five o'clock. I have a tape from the blind people at Caernarfon that is on until the news at five o'clock. It will be until half past five. In the summer, I am going up the Dyffryn at that time, you know, when that sheep was turning on her back.

'Oeddech chi'n mynd i weld sut oedd hi bob dydd?'

Roeddwn i'n mynd i weld sut oedd hi deirgwaith y dydd, ond dydi honno ddim gen i rŵan, nac ydi.

'Fyddwch chi i fyny yno'n hwyr gyda'r nos?'

O, tan naw, neu'n hwyrach weithiau.

'Yn yr haf?'

Ia, wyddoch chi, pan dwi'n cyrraedd adref mi fydda i'n paratoi bwyd i ddechrau, ac o hynny ymlaen mi fydd y weiarles ar fynd gen i, a phetha fel'na i fynd â 'meddwl i oddi ar yr hyn dwi wedi bod yn ei wneud. Mi fydda i'n ystyried ydw i wedi gwneud petha'n iawn yn ystod y dydd.

Dwi'n ffermio o galon – wyddoch chi beth sy' gen i rŵan? Dyna'r gwaith dwi eisiau ei wneud felly dydi o ddim yn waith beichus, mae o'n fwynhad. Dwi'n hoffi gweld y gwaith dwi'n ei wneud – mi fuasai rhai ffermwyr yn chwerthin am fy mhen i'n gwneud hynny, ond roedd y gwair wedi tyfu yn ystod yr haf, ac wedi mynd yn hir ac yn felyn. Ar ôl i mi ei dorri o, roedd hi fel gardd yno, ac yn lanach yn fy meddwl i. Roedd y patsyn arall roeddwn i wedi'i dorri fel tail ar y tir, efo hadau arno fo, wyddoch chi. Wn i ddim a wnaiff hwnnw dyfu eto.

'Sut mae pethau yn y gaeaf?'

Mi fydda i'n porthi'r defaid ddwywaith y dydd. Yn y bore a'r prynhawn. Dim ond dyrnaid yr un maen nhw'n ei gael. Wrth i'r flwyddyn fynd rhagddi, pan fydd hi bron yn adeg wyna, mi fyddan nhw'n cael pedair bryd hynny. Mi fyddan nhw'n edrych yn well ar ôl i mi eu bwydo nhw, gyda digon o lefrith i'r ŵyn, ac mi fydd yr ŵyn yn gryf wyddoch chi, wel – fel arfer.

'Mi fyddwch chi'n mynd i wyna'n hwyr yn y nos, byddwch?'

Byddaf, am tua chwech o'r gloch. Mae hi'n dal yn olau 'radeg hynny – yna tua deg o'r gloch – yna adref – yna ymhen awr arall – codi eto. Os bydd hi'n bwrw'i hoen, yna am chwech o'r gloch y bore ac yn ystod

'You checked on her every day?'

Three times a day I checked on her, but I haven't got that one now, have I.

'How late in the evening are you up there?'

Oh, nine and after.

'In the summer?'

Yes, you know, when I come back home it's preparing my food to start with, and from then on it's the wireless on, and things like that for me to change my mind from what I've been doing. I'll be thinking about if I've done the right things during the day.

Well, farming, I am doing it from my heart – you know what I mean now. I want to do that job so, it's not a chore, it's a pleasure. I like to see the job I'm doing – some farmers would laugh at me doing that, but the grass had grown during the summer, and had turned grey, long. When I cut it, it was like a garden after, and cleaner in my mind. The other patch I had cut was like manure to the ground, and it had seeds on it, you know. I don't know if that would grow again.

'How do you find it in the winter?'

I'm feeding the sheep twice a day. In the morning and evening. They just get a handful each. As the year gets on, when it's nearly lambing time – they have four, at that time. They will look better after I have fed them, and they will have enough milk for the lambs, the lambs will be strong you know, well – as usual.

'You go up lambing late at night, don't you?'

Yes, I'm going about six o'clock. It's light at that time – then around ten o'clock – then home – then around an hour's time – up again. If she's in labour, then six o'clock in the morning and during the night. Except one evening – well half past one in the morning, it was. I had noticed this sheep was going to lamb – and she had lambed – twins! I

y nos. Ar wahân i un noson – wel, hanner awr wedi un yn y bore oedd hi. Roeddwn i wedi sylwi bod un ddafad ar fin bwrw'i hoen – ond roedd hi eisoes wedi geni – efeilliaid! Wnes i ddim rhoi'r ddafad dan do.

Es i i fyny y bore wedyn ond roedd llwynog wedi cael un – roedd o'n ddarnau ar hyd y lle. Mi farciwyd y llall hefyd ac mi fu hwnnw farw ymhen pythefnos wedyn.

Rhyw noson arall, noson stormus iawn – chwythu a glawio hen wragedd a ffyn, mi gefais i afael ar y ddafad a'i dal ag un fraich – roedd yr oen yn cael ei fwrw o chwith. Dim ond y gynffon a'r pen ôl oedd wedi dod allan. Roedd hi'n anodd dal gafael ynddi hi – a hithau mewn poen ac yn gwingo. Ar adegau felly rydych chi'n cydio ynddi hi efo un llaw tra'n gwthio'r oen yn ei ôl efo'r llall, nes medrwch chi afael yn ei goesau fo a'u troi nhw. Ar ôl hynny mi fydd pethau'n haws; yr ysgwyddau ac yna'r pen. Wedyn mi fydda i'n mynd â hi i mewn dan do.

didn't put the sheep inside.

I went up the next morning and the fox had taken one – there were bits all over the place. There were like marks on the other one, and it died two weeks later.

Another evening, a stormy night like – blowing and raining, I caught the sheep and held it with one arm – breech it was. Only the tail and back has come. It's difficult to hold the sheep – she's in pain, and she struggles. You hold her with one arm, and with the other push the lamb back till you can get hold of the legs to turn them. After that it's not too difficult; the shoulders and then the head. After that, I take her inside.

'Pryd wnaethoch chi ddechrau ffermio, John?'

1948: dyna'r flwyddyn pan enillais i £500 ar y Pŵls. Roedd o'n ffortiwn fach 'radeg hynny. Mi fedrais i brynu oriawr yr un i 'ngwraig Mary a minnau, talu blaendal ar y tŷ yn y Fron yr ydw i'n byw ynddo fo hyd heddiw, a thalu am fy neuddeg dafad gyntaf. Mi brynais i nhw gan gyfaill oedd yn byw yn yr un pentref – roedd ganddo fo dyddyn a thua hanner cant o ddefaid. Mi dalais i bedair swllt yr un am y defaid, yn ogystal â phum swllt am oen gwryw i fridio, a dyna ddechrau fy mywyd fel bugail.

Ers pan oeddwn i'n hogyn ifanc (dwi ddim yn cofio pryd yn union y dechreuais i) mi fyddwn i'n helpu'r ffermwyr lleol i wneud unrhyw beth – o garegu caeau ar ôl aredig, i ladd a chasglu gwair, glanhau'r cwt mochyn a hel y defaid i'w dipio, a gwaith fferm cyffredinol. Bellach roeddwn i'n mynd i gael fy niadell fy hun.

Teulu a chyfeillion sy' wedi rhoi pob ffon fugail sy' gen i i mi. Mi gawson nhw eu gwneud gan grefftwyr lleol sy'n arbenigwyr gwneud ffyn.

Un ar hugain oed oeddwn i pan ddechreuais i gyda 'nefaid fy hun, tra oeddwn i'n gweithio yn Graham Bunn yng Nghaernarfon. Roeddem ni'n gwneud topiau cownteri i gaffis. Mi fyddwn i'n beicio i 'ngwaith bob dydd, a mynd i weld y defaid cyn mynd i 'ngwaith ac ar ôl gorffen. Roeddwn i'n rhentu tair acer o dir Tan-y-ffordd ar lethrau Moel Tryfan, rhwng Caernarfon a Phen-y-groes, gan y bugail a werthodd y defaid i mi. Doeddwn i ddim yn talu rhent efo arian; ei helpu o gyda'i ddiadell fyddwn i fel tâl.

Doedd gennym ni ddim welingtons na bŵts cryf bryd hynny. Clocsiau oedd gen i, ac mi fyddwn i'n clymu stribedi o sach efo llinyn cryf o amgylch fy fferau i gadw 'nhrowsus rhag gwlychu gormod. Trueni nad oedd llinyn bêls i'w gael bryd hynny; mi fyddai bywyd wedi bod yn llawer haws. Heddiw mi rydw i'n ei ddefnyddio fo drwy'r adeg, i ddal gatiau ynghau, i glymu petha at ei gilydd, i ddal dafad wrth imi weithio arni. Rydw i hyd yn oed wedi'i ddefnyddio fo i ddal 'nhrowsus i i fyny ar ôl i 'melt i dorri! Mae o at bob iws!

Beth amser wedyn mi brynais i chydig o wartheg. Roedd Mary'r

When did you start farming, John?'

'1948: that was the year I won £500 on the Pools. It was a lot of money back then. I was able to buy a watch each for my wife Mary and myself, pay a down-payment on a house in Fron which I still live in today, and pay for my first dozen sheep. I bought them from a friend who lived in the same village – he had a smallholding with around fifty sheep. I paid four shillings each for the ewes, plus five shillings for a ram lamb for breeding, and that was the start of my shepherding life.

Ever since I was a young lad (I cannot remember when I first started helping) I helped the local farmers, doing anything from clearing stones from the fields after ploughing, to making and gathering hay, cleaning out the pigsty, and gathering the sheep for dipping and general care. Now I was about to have a flock of my own.

My shepherd crooks have all been given to me by family and friends. They were bought from local crafts people who specialize in stick making.

wraig yn edrych ar eu holau nhw i mi pan oeddwn i'n gweithio, yn rhoi bwyd iddyn nhw a charthu, hyd yn oed pan oedd hi'n feichiog. Mi fyddai hi'n gwneud hynny ym mhob tywydd. Mae pram ein pedair merch yn dal gennym ni – i fyny yn Dyffryn 'cw, yn y Fron. Dyffryn ydi enw'r tyddyn ble'r oedd teulu Mary yn byw; yno y cafodd hi ei geni.

Dwi'n cofio dod adre o 'ngwaith ar y bws un diwrnod, yn 1950, a doedd o ddim yn gallu mynd i fyny'r allt i Rosgadfan oherwydd yr eira. Roedd yn rhaid i mi ymlafnio drwy'r lluwch ar fy nwy droed i gyrraedd adre. Roedd y gaeafau'n galed iawn bryd hynny, eira mawr a rhewi'n galed, ac roedd yr anifeiliaid oedd allan ar y llethrau, gannoedd o droedfeddi i fyny ar y mynydd, yn dioddef llawer; mi fyddai defaid yn marw wrth bori gwellt wedi rhewi. Roeddwn i'n arfer hel sbarion, bara stêl, a'i gymysgu â chydig o fwyd moch mewn berfa i gadw'r defaid yn fyw. Dwi'n defnyddio'r ferfa i symud popeth – hyd yn oed y defaid! Dwi'n ffarmwr berfa go iawn, ydw wir!

I was 21 when I started with my own sheep, and working as a fitter at Graham Bunn in Caernarfon. We made counter tops for coffee bars. I would cycle to work every day, and check on the sheep before going to work and after I had finished. I rented three acres of land at Tan-y-ffordd, which is on the slopes of Moel Tryfan, between Caernarfon and Penygroes, from the shepherd who sold me my sheep. I did not pay him money as rent; I helped him with his own flock.

We didn't have wellies or strong boots back then. I had clogs, and would tie strips of sacking with thick string around my ankles to stop my trousers getting too wet. We should have had bailing twine back then, it would have made our lives much easier. Today I use it all the time, holding gates closed, tying things together, holding sheep still when I'm working on them. I've even used it to hold my trousers up when my belt broke. It has many uses!

Heddiw rydym ni'n eu bwydo nhw efo coarse mix a nuts defaid, a chydig o wair yn y gaeaf pan fydd y tywydd yn ddrwg. Prynu hwnnw fydda i fel arfer, ond mi rydw i wedi llwyddo i gynaeafu peth fy hun yn y gorffennol hefyd. Ond mi fydda i'n cael help i ladd y gwair: mae peiriannau modern yn cael trafferth ymdopi ar y mynydd-dir. Pan oeddwn i'n hogyn mi fyddai'r ffermwyr lleol yn lladd gwair efo pladur ac yn ei luchio fo i'r awyr er mwyn iddo fo sychu'n gynt.

It was some time later that I bought a couple of cows. My wife Mary would look after them for me while I was at work, feeding and cleaning them out, even when she was pregnant. This she would do in all weathers. I've still got the pram we used for all four of my daughters; it's up at Dyffryn, in Fron. Dyffryn is the smallholding where Mary's family lived, and where she was born.

I can remember in 1950 coming home from work on the bus, and

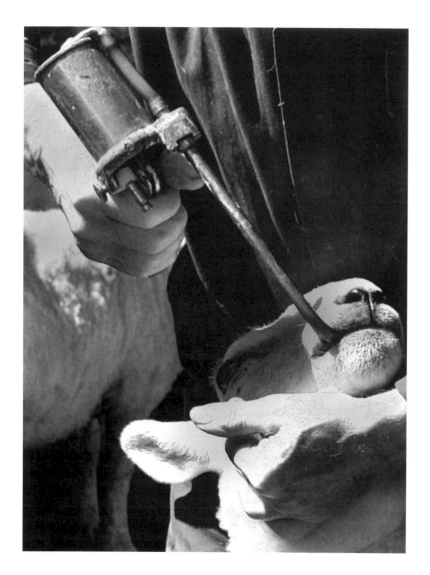

Mi fydda i'n mynd i weld sut mae'r defaid bob dydd, waeth pa fath o dywydd fydd hi; dwi wedi arfer gwneud hynny. Dyna sut y bydda i'n dod i'w adnabod nhw, a nhwtha finna. Mae hynny'n help mawr adeg wyna. Ar ffermydd mawr, efo cannoedd neu filoedd o ddefaid, dim ond rhifau ydyn nhw i'r ffermwr, ond i mi, fy niadell ydi 'mhlant i. Mae pob dafad wedi ei nodi efo 'tag' erbyn hyn. Ar ôl helynt y clwy traed a'r

it couldn't get up the hill to Rhosgadfan because of the snow. I had to walk home struggling through the drifts. The winters were hard back then, heavy snow and hard frosts, any animal living outside on the slopes a thousand feet up found it hard going; sheep would die from eating frozen grass. I would collect household scraps, stale bread, and mix it with a little pig-meal in a wheelbarrow to keep the sheep alive. I

genau mae'n rhaid cadw cofnod o bob anifail. Fodd bynnag, mi fydda i'n dal i roi 'J' ddu ar gefnau fy nefaid i. Dwi'n medru gweld y nod hwnnw pan fydd y defaid ar y mynydd.

Ar un adeg roedd y defaid ar y bryniau ac ar y tir comin drwy'r flwyddyn gron. Doedden nhw ond yn cael eu hel i'w dipio, eu didol ar gyfer y mart, neu i'w cneifio nhw wrth gwrs. Does 'na ddim caeau ar y

use the wheelbarrow to move a lot of stuff – including my sheep! I'm a proper wheelbarrow farmer, me!

Today we feed them on Coarse Mix and Ewe Nuts, with some hay in winter when the weather's bad, which I usually buy in but I have on occasions managed to harvest my own. But I do get help to cut it: the nature of the mountain land makes it difficult for modern machinery to

mynydd gan fod y defaid yn aros yn yr ardal ble cawson nhw'u geni. Mae'r un defaid yn aros yn yr un lle, a hyd yn oed yn dychwelyd i'r un fan i wyna flwyddyn ar ôl blwyddyn. 'Cadw at gynefin' fyddwn ni'n galw'r ymlyniad hwnnw at le arbennig ar y mynydd. Mae hynny'n gallu bod yn helbulus pan fydd rhywun yn prynu a gwerthu defaid gan gymydog ar yr ochr arall i'r mynydd, gan fod dafad newydd yn mynnu dychwelyd adref i'w chynefin yn aml iawn.

Cefais fy magu yn Rhosgadfan – dyna 'nghynefin i am wn i. Mi fydda i'n dywchwelyd yno bron bob dydd ac yn cerdded drosodd o'r Fron. Rhyw filltir a hanner sy' 'na o 'nghartref i yn y Fron i Dyddyn Engan ar Foel Tryfan. Mae ceg y llwybr dros y ffordd acw, ac yn dilyn y cloddiau i Dyffryn. Mi fydda i'n galw yma fel arfer, cyn mynd heibio i dwll Chwarel Braich, cyn cyrraedd y tir agored. Hen lwybrau chwarel ydi nifer fawr o'r llwybrau o amgylch fan'ma, wedi'u ffurfio wrth i'r gweithwyr fynd a dod o'u gwaith, neu olion yr hen reilffyrdd bychain. Dim ond cerddwyr mynyddoedd neu bobl sy'n mynd â'u cŵn am dro sy'n eu defnyddio nhw bellach, a'r defaid wrth gwrs! Gan amlaf fydda i ddim yn gweld 'run adyn byw.

Y Cob, y tu ôl i Dyddyn Engan, ydi gwely hen reilffordd y chwarel. Mae'r trac yn dod yr holl ffordd i lawr o Chwarel Alexandra, Moel Tryfan ac yn mynd i lawr yr holl ffordd i Ddinas. Weithiau mi fydda i'n canlyn y llwybr ar ei hyd rhwng y waliau heibio Gors Isaf at y lôn ger 'Refail Fawr. Dwi'n rhentu chydig o gaeau Gors Uchaf, sy' rhyw fymryn bach pellach draw.

Mae'r rhan fwyaf o ffermwyr yn symud eu defaid mewn trelars, ond mae'n well gen i yrru fy rhai i ar droed at borfa newydd, efo 'nghi, Lad. Dwi wedi cael chwech ci ar hyd y blynyddoedd. Mi dalais i £20 am y cynta – ffortiwn fach yn y 1950au – ond roedd hi wedi cael ei hyfforddi i weithio efo defaid yn barod. Mae ci defaid yn weithiwr wrth reddf, ac mi wnaiff ddal ati i weithio tra medr o. Fodd bynnag, mi fydda i'n cael ci ifanc i ddysgu ac i weithio efo'r hen un, a phan ddaw y dydd mi fydd hwnnw wedyn yn cymryd lle yr hen gi. Ar adegau prin dwi wedi cael help gan gyfaill i symud y defaid mewn trelar, sy'n dderbyniol iawn, ond tra medra i, mi ddalia i i'w gyrru nhw ar droed at borfa lân.

cope with the terrain. When I was a lad the farmers cut the hay with a scythe and then tossed it in the air to help dry it out.

I like to check on the sheep every day no matter what the weather is doing; it is something I have always done. It helps me to get to know the sheep, and them me. It makes it easier at lambing time. On big farms where they have hundreds if not thousands of sheep, they are just numbers to the farmer, but to me, my flock are my children. All sheep are now tagged to identify them, After the Foot and Mouth outbreak everything now has to be traceable. However, I still mark my sheep with a black J on their sides. At least this can be seen when the sheep are on the mountain.

The sheep were on the hill and common land all the year round at one time. They were only gathered at dipping time, or to sort them for market, and of course to shear them. There are not any fields on the mountainside, as sheep always stay in the area where they were born. The same sheep can be found around the same spot, even returning to the same place year after year to lamb. This bonding to a certain area of the mountain is known as 'Hefting' and the area itself is known as a sheep walk or 'Cynefin'. This could cause problems if you want to buy and sell sheep from someone who was just the other side of the mountain, as a sold sheep would often return home.

I was brought up in Rhosgadfan, and I think this must be my 'Cynefin' as I return to it nearly every day, walking over from Fron. It is about a mile and a half from my home in Fron to Tyddyn Engan on Moel Tryfan. The path starts just across the road, and runs up between walls to Dyffryn. I usually call in here first, before carrying on past the quarry hole at Braich, before reaching the open mountain. Many of the paths around here are old quarry paths, either made by the men walking to and from work, or by the little quarry railways. The only people who use them now are ramblers or people walking their dogs, and the sheep, of course! Most days I see no-one at all.

The Cob, behind Tyddyn Engan, is the bed of the old quarry railway.

Mae magu anifeiliaid wedi newid cryn dipyn dros y blynyddoedd. Flynyddoedd yn ôl roeddwn i'n arfer gyrru'r defaid ar droed i'w dipio yn Gors, gan fod pwll dipio yn fan'no. Heddiw dim ond tywallt y stwff ar y ddafad fyddwn ni, ond mae'n rhaid cadw cofnod o ba ddafad sy' wedi cael ei thrin, ac o ba botel, gan ysgrifennu rhif y botel a maint y dos i bob dafad. Mae hynny'n cymryd llawer o amser. Wn i ddim sut mae'r ffermydd mawrion yn ymdopi â'r holl beth. Ac mae'n rhaid gwneud yr un fath wrth ddosio rhag cynhron ac yn y blaen. Pan oeddwn i'n dechrau ffarmio roeddem ni'n defnyddio tabledi PTZ i ladd cynhron – un dabled fawr, a dyna ni. Rŵan mae'n rhaid defnyddio antibiotigau, chwistrelli a phob math o betha ac mae'n rhaid cadw cofnod o bob dim. Dwi'n gorfod eu dosio nhw rhag cynhron a llyngyr yr iau. Fel arfer mi fydda i'n eu trin nhw cyn rhoi maharen iddyn nhw, a thrwy'r flwyddyn os oes angen.

Mae petha wedi newid cymaint; cymerwch chi walio er enghraifft. Ers talwm, roedd pawb yn gofalu am adeiladu a thrwsio'i waliau ei hun ac yn ymfalchïo yn y gwaith. Mae'r grefft ar ddarfod bellach. Fodd

The track comes all the way down from Alexandra Quarry Moel Tryfan, all the way down to Dinas. I follow it sometimes down between the walls past Gors Isaf to the road by 'Refail Fawr. Gors Uchaf, where I rent some fields, is just a little further along.

Most farmers move their sheep in trailers, but I still like to walk mine to fresh grazing with my dog Lad. Over the years I've had six dogs. The first one I paid £20 for, which was a small fortune to pay in the 1950s, but she was already trained to work with the sheep. It is a sheepdog's instinct to work, and they will continue to do so until they are no longer able to. However, I usually get another younger dog to train up and work alongside the older one, so when the time comes the younger dog will take its place. I have on the odd occasion had help from a friend to move the sheep by trailer, which is appreciated. But while I'm able to do so, I'll keep walking them to fresh grazing.

Looking after livestock has changed so much over the years. Back then I used to walk the sheep at dipping time to Gors, where there was a

bynnag, mae 'na ryw adfywiad bychan gan fod waliau cerrig sychion yn cael eu hystyried yn rhan o'n treftadaeth, ac mae 'na ddigon o grantiau ar gael i'w hadnewyddu a'u hadeiladu nhw. Felly mae pobl yn mynd ar gyrsiau i ddysgu'r grefft. Wedyn gall y crefftwyr ofyn prisiau da iawn am eu gwaith. Efallai mai oherwydd y prisiau uchel hyn y mae ffermwyr yn gyndyn o adnewyddu'r waliau, gan ei bod hi'n haws ac yn rhatach gosod ffens yn lle'r hen wal.

Mae'r tymor wyna yn dechrau yng nghanol mis Mawrth. Does 'na ddim llonydd i'w gael ddydd na nos wedyn. Mi fydd hi fel lladd nadroedd drwy'r amser. Mynd i weld y defaid yn Nhyddyn Engan yn un peth, (tyddyn bach a brynais i am £110 'nôl yn y 1970au ydi fan'no – roedd hynny'n dipyn o bres 'radeg hynny cofiwch, ond mae yno borfa dda). Yna mi fydda i'n symud rhai i Ddyffryn, sy' i fyny'r allt o 'nghartref i, ac felly os bydd unrhyw beth yn bod mi alla' i fod yno'n syth. Mi a' i i'w gweld nhw cyn codiad haul yn y bore, felly mi fydda i'n cario fflachlamp fawr efo fi – yno ac yn ôl. Mi wna' i hyn nes bod bob un wan jac o'r defaid wedi bwrw'i hoen. Ambell noson fydda i ddim yn cyrraedd 'ngwely gan 'mod i wedi mynd i gysgu yn y gadair. Mae 'nefaid i i gyd y tu allan; dim ond pan fydd dafad yn gwrthod ei hoen y bydda i'n dod â hi i mewn. Wyddoch chi be? Pum swllt yr un gefais i am yr ŵyn cynta werthais i yn y mart yn 1950. Dydw i ddim wedi anfon dim un i'w werthu eleni, ond mi dwi'n gobeithio cael rhwng £15 ac £20 neu fwy pan wna' i.

Heddiw mae pris dafad neu faharen dda yn gallu amrywio'n arw. Mae'n dibynnu ar frid y ddafad. Y llynedd mi dalais i £85 am faharen dyflwydd a hanner. Y mis Hydref yma roedd 'na feheryn yn cael eu gwerthu am gyn lleied â £10 yn y mart. Roedd 'na feheryn ar werth am tua £30, ond mae'r prisiau'n codi a gostwng drwy'r amser. Mae'r pris uchaf sydd wedi'i dalu am Faharen Mynydd Cymreig hyd yma yn fwy nag £20,000.

Mae mis Mehefin a mis Gorffennaf yn brysur iawn, ar ôl wyna. Mi fydda i'n cymryd dipyn o wythnosau i gneifio hanner cant a mwy o ddefaid â llaw. Munud neu ddwy gymer hi i gneifiwr gneifio un ddafad â pheiriant trydan – maen nhw'n gallu cneifio dros gant y dydd – ond mi

dipping place. Today we just pour it on, but we also have to keep a record of which sheep has been done and by which bottle, writing down batch number and dose for every sheep. It takes up a lot of time. I'm not sure how the big farmers cope with it all. We have to do the same thing when dosing sheep for worms and the like. When I first started out we used PTZ tablets for worming, just one big tablet it was, and that was it. Now we used antibiotics, sprays and more, which all have to be recorded. Worms and fluke are both problems which I have to dose them for. Usually I worm the ewes before releasing the rams and during the year if needed.

Things have changed so much; stone walling for instance. Back then, everyone took pride in building and repairing their own walls. It is a skill which has almost been lost. However, the skill has been revived because stone walls are now considered part of our heritage, and there are many grants available for their restoration and building. Consequently people are now going on courses to learn the craft. These craftsmen can then demand high prices for their skills. Perhaps it is these high prices that make farmers reluctant to have them repaired, as it has become easier and cheaper to replace a wall with a fence.

Lambing time starts middle of March. The days and nights are not my own. I'm on the go all the time, checking sheep at Tyddyn Engan (which is a smallholding I own, I paid £110 for it, that was a lot of money in the 1970s, but it has good grazing). Then I'll move some to Dyffryn which is just up the hill from my home, so if there's a problem I can be there. I'll go to check on them before it's light in the morning, so I carry a big torch with me back and forth. I'll do this until all my sheep have lambed. I've seen me some days not going to my bed, I would fall asleep in my chair. All my sheep are outside; I only bring them in if a ewe rejects her lamb. Do you know, the first lambs I sold at market in 1950: I was paid five shillings. I've not sent any this year, but I would hope to get £15-20 or more when I do.

Today, the price of a good ewe or ram can vary. It depends on the breed of sheep. Last year I paid £85 for a two-and-a-half year-old ram.

fydda i'n cymryd hanner awr i gneifio un ddafad â gwellaif, felly dim ond deg ar y mwya y gwna' i mewn diwrnod. Roedden ni'n arfer dibynnu ar bres gwerthu gwlân fel rhan helaeth o incwm y fferm, ond heddiw mae'r prisiau mor isel nes bod rhywun yn talu mwy am gneifio a chario'r gwlân na'i werth o ar y farchnad. Mae llawer o ffermwyr yn losgi'r gwlân neu ei adael o i bydru erbyn hyn, ond gan 'mod i'n dal i gneifio â llaw, mi fydda i'n dal i wneud rhywfaint o elw.

Dwi wedi bod yn aelod o Gôr Dyffryn Nantlle ers 1978. Dwi wrth fy modd yn cyfarfod yr hogia i gael hwyl a rhannu jôc neu ddwy. Maen nhw'n tynnu 'nghoes i am fy nefaid i weithia, gan ddweud 'mod i'n swnio'n debycach iddyn nhw nag i ganwr ail fas!

Mae cyfaill i mi, Tom, sy'n byw yn y pentre nesa yn dod i fy nôl i i fynd i'r ymarferion, am na alla' i yrru rŵan am fod 'ngolwg i'n wannach nag y bu o. Eleni mi aeth Côr Dyffryn Nantlle i ganu yn Neuadd Albert yn Llundain. Mae 'na amryw o gorau, nid dim ond ni – a chorau cymysg hefyd – o Gymru benbaladr wyddoch chi – Cyngerdd y Mil o Leisiau ydi o.

Y tro cynta es i i lawr i Lundain, mi aethom ni ar y trên wyddoch chi, ac roedd 'na gorau eraill yno hefyd. Mi ddaeth 'na ryw ferched i mewn i'r cerbyd lle'r oeddem ni'n eistedd, i werthu tocynnau raffl i ni. Hel pres oedden nhw, i fynd i Lundain, ac mi ddechreuodd fy ffrindiau i – roedden nhw'n hŷn, yn llawer hŷn na mi wyddoch chi – roedd y diawled yn pryfocio'r merched am y merched 'na – mi wyddoch chi'r rhai dwi'n feddwl – yn Llundain. 'Rargian fawr,' meddwn i wrthyf fy hun, 'gobeithio na wela' i'r un ohonyn nhw, a gobeithio na welan nhw fi!'

Wel, ar ôl inni gyrraedd, dyna fynd i brynu anrhegion i'n teuluoedd a'n ffrindiau. Roedd gen i ddau fag plastig, un ym mhob llaw, ac roeddwn i'n disgwyl i'r lleill ddod allan o'r siop. Roeddwn i'n sefyll ar y stryd yn gwrando ar ryw foi yn canu piano acordion, ac un â choes bren, ac yn sydyn, fel roeddwn i'n sefyll yno – yn ddiniwed i gyd – dyma fi'n clywed y llais ysgafn 'ma yn fy nghlust: 'Have you got time?

'Twenty to eleven,' meddwn i! Ac fe gerddodd hi yn ei blaen!

Wel, roeddwn i wedi gobeithio na fydden nhw'n fy ngweld i, ond

Ewes at market this October were selling for as little as £10. There were rams for sale at around £30 pounds, but prices can go up and down all the time. The record for a top-breeding Welsh Mountain Ram is over £20,000.

June and July are very busy times, after lambing. With fifty or more sheep to hand-shear, it takes me a few weeks. The modern shear will only take one or two minutes per sheep – they can do a 100+ in a day, where it can take me a half hour to hand shear a sheep, so I only get through about ten, on a good day. We used to rely on the wool sales as a good part of our income. Nowadays the prices are so low that it can

Duw mawr! Mi gawson nhw hyd i mi yn y diwedd! Mi gafodd fy ffrindiau hwyl garw wyddoch chi, pan ddwedais i'r stori wrthyn nhw.

'Chlywch chi mo ddiwedd hon'na, na wnewch John?!'
Na wnaf.

Dim ond saith wythnos sydd tan y Nadolig. Mi fydd yma mewn dim. Dwi'n cofio rhywun yn dod yma i ofyn i mi fod yn Siôn Corn yn yr ysgol, ac mi gytunais i fynd yno. Yn y prynhawn, tua hanner awr wedi un i ddau o'r gloch oedd hi. Roedd yn rhaid imi wisgo siwt fawr goch – mam bach! – roedd yn rhaid imi dynnu fy siwmper a phopeth, wyddoch chi, er mwyn iddi fy ffitio. Yna mi gerddais i'n ara bach gyda sach ar fy nghefn i mewn i'r ystafell lle'r oedd y plantos, ac roedd 'na ferched yno hefyd – roedd y mamau wedi dod i weld. Dyna lle'r oeddwn i'n sefyll fel hyn, gan ysgwyd fy mhen i'w cyfarch drwy gydol yr amser, a cherdded yn fy mlaen. Mi glywais Mrs Hughes y brifathrawes yn dweud, 'Ew, mae o'n un da, tydi? Un gwerth chweil!'

Roedd 'na ferch o'r Almaen yn byw yn Gwyndy, a dyma fi'n cael gafael ynddi hi, ond fedrwn i mo'i chusanu hi oherwydd y locsyn, y mwstash, y chwys a phopeth!

'John, dwi ddim yn meddwl y byddan nhw'n gofyn i chi eleni.'
Beth, dydyn nhw ddim am ofyn i mi? Na, na, mi wn i hynny!

'Am eich bod chi eisiau'r mamau ar eich glin, yn hytrach na'r plantos!'
[Chwerthin!]

Dyma fi'n cael ordors i eistedd ar y llwyfan wedyn. Felly dyma fi'n eistedd gyda'r holl barseli wrth f'ochr, ac athrawes arall efo fi rŵan. Mae hi'n byw yn y Groeslon, ond un o Bontnewydd ydi hi – Emma ydi'i henw hi. Dyma fi'n gafael mewn parsel, ond 'rargian fawr, fedrwn i mo'i ddarllen o, na fedrwn! Doedd fy sbectols i ddim gen i, nag oedden! A dyma fi'n dweud wrthi hi, 'Fedra i ddim darllen hwn – fedra i mo'i weld

cost more for the shearing and transport than the value of the wool when it goes to sale. A lot of farmers now burn it or leave it to rot. But as I still shear my own sheep in the traditional way, I do make a small profit.

I've been in the Dyffryn Nantlle choir since 1978. I enjoy meeting up with the other members for a laugh and a joke. They tease me sometimes about my sheep, saying I sound more like them than a second bass!

My mate Tom who lives in the next village comes to pick me up on practice nights, as I'm no longer able to drive because of poor sight. This year the Dyffryn Nantlle Choir, which I now sing with, sang at the Albert Hall. There are many other choirs, not just us – mixed choirs too – from all over Wales, you know – it's the Concert of a Thousand Voices.

The first time I went to London, we went down on the train, you know, and there were other choirs there. Some women came to our carriage, where we were sitting, and they wanted to sell a raffle ticket to us. Gathering money they were, for going to London, and my mates – you know, they were older than me – a lot older than me! – these men were provoking the women about these women – you know – in London. Bloody hell, I said to myself, I hope I don't see one of them, I hope they don't find me!

Well, when we were there we went shopping, shopping for presents we were, for our family and friends. I had two carrier bags, one in each hand, and I was waiting for the others to come out of the shops. I was standing in the street listening to a chap playing a piano accordion, and one with a wooden leg, and suddenly as I was standing there – innocent like – a light voice came in my ear: 'Have you got time?'

'Twenty to eleven,' I said! And she walked on!

Well, I had hoped they wouldn't find me, and Duw mawr! It was ME she found, after all! They were having a laugh, my mates, you know, when I told them.

o!' a'i estyn o iddi hi. Dyma hi'n gafael ynddo fo a dweud yr enw – enw Saesneg oedd o, a doeddwn i ddim yn adnabod yr enwau Saesneg, enwau plant – roedden nhw i gyd yn ddieithr i mi. 'Sut dach chi'n dweud?' gofynnais iddi hi.

Fedrwn i ddim clywed beth oedd hi'n ei ddweud chwaith, a dyma

'You won't live that down, will you John?!'
No, I won't.

Only seven weeks to Christmas. It will soon come. I remember them coming to ask me to go as a Father Christmas at the school, so I agreed hi'n dechrau chwerthin. 'Mae hwn yn ddall ac yn fyddar!' meddai hi wrth y brifathrawes, a dyma nhw'n dechrau chwerthin.

Wyddoch chi'r bêl fonws maen nhw'n ei chwarae yn yr ysgol? Bore dydd Iau diwethaf roeddwn i wrthi'n golchi'r llestri – tua naw o'r gloch oedd hi. Dyma fi'n clywed rhywun yn curo'r drws, felly mi es i i'w agor o. Pauline sy'n edrych ar ôl yr ysgol oedd yno – hi sy'n casglu'r arian ar

to go there. In the afternoon, it was around half past one or two o'clock, I had a suit to put on – I had to pull my pullover and everything off, you know, to put this suit on. And then I walked slowly with my bin bag on my back, into the room where the children were, and there were women too – the mothers had come there too. There I was standing like this and shaking my head like that all the time, and walking forward. I heard Mrs Hughes, the Headmistress, saying, 'Ah, he's a good one, isn't he? He's a good one!'

There was a German girl living at Gwyndy, and I got hold of her, but couldn't kiss her, with that beard, moustache, the sweat, and everything.

'John, I don't think they are going to ask you this year.'
What, they're not going to ask me? – no, no, I know that.

'Because you wanted the mothers on your knee, not the children!'
[Laughter!]
They told me to sit down by the stage. I did sit down now with the parcels by my side – another teacher with me now. In Groeslon she

gyfer y gêm pêl fonws. 'Llongyfarchiadau,' meddai hi. 'Chi enillodd y bêl fonws neithiwr. Rhif 12 ddaeth yn fuddugol.'

A dyma hi'n estyn papur ugain punt i mi, cyn rhedeg i ffwrdd. Roedd hi'n gorfod mynd i'r ysgol i wneud ei dyletswyddau – dyna pam roedd hi'n rhedeg. [Chwerthin!]

Doedd arni hi mo f'ofn i siŵr iawn. Hen ddyn fel fi – yn bedwar ugain oed!

Pan ddaeth Nel, fy ngor-wyres, draw yma i 'ngweld i un nos Wener pan oeddwn i'n cael fy nhe, mi ddaeth hi o'r gegin, gafael mewn cadair ac eistedd arni. Roedd y tun bisgedi ar y bwrdd a dyma hi'n gofyn i mi, 'Ga' i fisged os gwelwch yn dda, Taid Fron?' 'Cei,' meddwn inna.

Yna dyma hi'n tynnu'r tun yn nes ati, edrych ar fisgeden, gafael ynddi hi ac yna'i rhoi hi'n ôl yn sydyn! Yna dyma hi'n dod o hyd i fisged siocled ond wnaeth hi mo'i bwyta hi'n gyflym iawn ac mi doddodd yn ei dwylo bach.

'Edrycha ar ei dwylo hi,' meddwn i wrth Margaret, 'yn jiocled i gyd,' ac mi aeth i nôl hances i'w sychu nhw. Wrth iddi yfed ei the, efo mwy o lefrith ynddo fo na the a dweud y gwir, dyma hi'n dechrau siglo'n ôl ac ymlaen, efo'i dwylo'n siocled i gyd, cyn taro'i chwpan de nes bod y te'n hedfan dros y lle i gyd. Mi atgoffodd hi fi o hynny y tro nesa y daeth hi yma i'n gweld ni.

'Mi gollais i'r te dros bob man y tro diwetha y dois i yma, do, Taid?' meddai hi.

'Do, mi wnest,' meddwn inna. 'Bydd yn ofalus y tro yma. Dydw i ddim yn mynd i olchi'r lliain bwrdd yma eto! Wel, ddim yr wythnos yma beth bynnag!'

lives, but from Bontnewydd she is – Emma's her name. I took a parcel now from there, and bloody hell, I couldn't read it, could I! I hadn't got my glasses or anything, had I! I said to her, 'I can't read this, can't see it!' I passed it to her, and she took it from my hand – she said the name – English the names, and I wasn't used to the names in English – the names of the children – they were new to me. 'Pardon?' I said to her.

I couldn't hear what she was saying, she laughed. She said to the Headmistress over there, 'He can't see and he can't hear!' And they laughed.

You know the bonus ball they do at the school? Last Thursday morning I was washing the crocks – about nine o'clock it was. There was a knock at the door, so I went and unlocked it. I opened the door and it was Pauline that looks after the school – collects the money for the bonus balls. 'Congratulations,' she said to me. 'You have won the bonus ball last night, No. 12 has come up.'

Twenty pounds she passed me, and she ran from here. She had to go to school to do her duty – that's why she ran. [Laughter!]

She wasn't afraid of me sure. An old man like me – 80 years of age.

When Nel, my great-granddaughter came to see me on a Friday night and I was having my tea, she came from the kitchen and pulled the chair out and sat on the chair. The biscuit tin was on the table and she said, 'Can I have a biscuit please, Taid Fron?' Yes, I said.

Then she pulled the tin closer to her – she looked at one – took it and then put it back! Then she found a chocolate one but she didn't eat it very quickly, so it melted in her hands.

'Look at her hands,' I said to Margaret, 'all chocolate,' and she went for a tissue to clean her hands. As she drank her tea, more milk in it than tea really, she went backwards and forwards with her chocolate fingers, she hit her tea cup and the tea went all over the place. She reminded me of this the next time she came here.

'I spilt the tea last time didn't I, Taid,' she said to me.

'Yes you did! Be careful this time, I'm not going to wash this tablecloth again! Well, not this week anyway!'